ॐ

ISHAVASYA UPANISHAD

Essence and Sanskrit Grammar

Ashwini was born in Ludhiana in his mother's home and completed his pre-University from Govt. College for Boys. He has also written texts on Sanskrit Grammar delving into Panini's Ashtadhyayi.

From the same Author:

Bhagavad Gita for Chanting
Bhagavad Gita Reader: All Verses in 4 Quarters
Bhagavad Gita Recitation — pocket book
Bhagavad Gita Dhyana Yoga: Commentary and Grammar – 6th Chapter
Bhagavad Gita: Yoga of Self Control — 6th Chapter
Bhagavad Gita Applied Wisdom
Bhagavad Gita Heart and Soul

The Sanskrit Alphabet
Conversations with Space
Maya the Golden Veil
Tao Te Ching Brahman

Ashtadhyayi of Panini Complete
Maheshwar Sutras Pratyaharas
Dhatupatha Handbook
Dhatupatha Sutras Enumerated
Dhatupatha Verbs in 5 Lakaras — in three volumes
Dhatupatha of Panini: Accented Roots with English Meanings and Verbs iii/1 forms in Present Tense

Rudra Puja: Simple Complete Profound
Rudra Puja Mantras — pocket book

Patanjali Yoga Sutras: Essence and Sanskrit Grammar
Patanjali Yoga Sutras Essence
Magic Sutras Potent — pocket book

ॐ

ISHAVASYA UPANISHAD

Essence and Sanskrit Grammar

Ashwini Kumar Aggarwal

जय गुरुदेव

ISBN13: 978-93-5346-959-7 Paperback Edition
ISBN13: 978-93-92201-97-4 Hardbound Edition

Title: **Ishavasya Upanishad**
SubTitle: **Essence and Sanskrit Grammar**
Author: **Ashwini Kumar Aggarwal**

Printed and Published by
Devotees of Sri Sri Ravi Shankar Ashram
147 Punjabi Bagh, Patiala 147001
Punjab, India

https://advaita56.weebly.com/
The Art of Living Centre

https://www.artofliving.org/

15th January 2019, Makar Sankranti, Uttarayana
Kite Flying Festival, Pongal, Maghi, Ashwini Nakshatra
Prayag Kumbh Begins, Shahi Snan, Shukla Navami
Vikram Samvat 2075, Saka Era 1940

1st Edition January 2019

जय गुरुदेव

Dedication

Sri Sri Ravi Shankar

our fount of wisdom

जय गुरुदेव

Acknowledgements

Respected **Bauji, still going strong at 96 years**, Sri Shambhu Dass of BITS Pilani, who cursorily asked on 16th Dec 2018 at 9pm to write my views on Ishopanishad as he recited the verses from his prayer book.

Dipanshu, a 3rd year Engineering student, who proudly picked an Upanishad book from the Penguin book stall at the World Book Fair 2019, New Delhi and showed it for approval.

Contents

BLESSING 8

PREFACE 9

ETYMOLOGY OF UPANISHAD 13

PRAYER 14

ISHA UPANISHAD 15

LATIN TRANSLITERATION CHART 35

Invocation at Outset 36

Isha Upanishad Verses in Latin 37

VERSES AS CHANTED WITH SVARAS 41

SANSKRIT GRAMMAR 45

REFERENCES 55

EPILOGUE 56

Blessing

Upanishad means sitting close, sitting near the Master. Student and teacher sit close; it is not just physical proximity, but mental or emotional. When there is connectivity, knowledge flows.

Sri Sri Ravi Shankar
Ishavasya Upanishad
17-19 Jan 2015 Yagyashala, Bangalore Ashram

Preface

Upanishads are verses from the Vedas that have been compiled as independent and complete sets. Those verses in the Vedas that amplify the greatness of man, his soul's journey, and his ultimate purpose are termed as Upanishads.

Traditionally the verses in each Veda have been classified as Mantra portion or Brahmana portion. **Mantra verses are action oriented. Brahmana verses are thinking oriented.**

Within the Brahmana portion, a further sub-classification of verses has been done, namely Brahmana-Aranyaka-Upanishad. Technically Brahmana means planning, discussion and analysis. Aranyaka means research and philosophy. Upanishad means essential thought or teaching or guiding principle.

Upanishad verses are those that are found at the end. Thus aptly named **Vedanta.** Literal meaning ending-portion of the Veda. Spiritual connotation core-design-crux-essence.

Veda	
Mantra Verses (Samhita)	Brahmana Verses
	Brahmana Aranyaka Upanishad

Adi Shankaracharya's masterly commentary on eleven Upanishads is the de-facto standard for Vedanta.

These eleven have been named the principal Upanishads. Though it is said there are 1180 Upanishads written over a period of a thousand years, more than a couple of thousand years ago, actual manuscripts available are around 108 only.

A chart that lists the eleven Upanishads commented on in detail by Sankara.

Rigveda	Samaveda	Shukla Yajurveda Krishna Yajurveda	Atharvaveda
Gives the fundamental laws of creation	Gives the intrinsic harmony within creation	Gives the specific design, administrative and governing principles for a family or a nation	Gives the specific ritucharya and dinacharya for an individual
Aitareya	Kena **Chandogya**	ISHAVASYA **Brihadaranyaka** Katha Taittiriya Shvetashvatara	Prashna **Mandukya** Mundaka
प्रज्ञानम् ब्रह्म	तत् त्वम् असि	अहं ब्रह्म अस्मि	अयम् आत्मा ब्रह्म

Four great illuminating statements or mahavakyas are listed above with their corresponding Upanishads in bold.

Ishavasya Upanishad constitutes the final chapter (4oth adhyāya) of the Shukla Yajurveda from verse 1959 onwards, and survives in two recensions, named Kanva Shakha and Madhyandina Shakha.

Its verses are written in Anushtup meter, i.e. having 32 syllables each. A single statement consists of 16 syllables, just like the Bhagavad Gita.

Goes by various names, i.e. Ishavasya Upanishad, Isha Upanishad, Ishavasyopanishad, Ishopanishad.

2:19pm 15th Jan 2019 Beginning

Etymology of Upanishad

व्युत्पत्ति

Consider Adi Shankaracharya's derivation of the word 'Upanishad' as given in his bhashyam on the Katha Upanishad.

उप + नि + षद् + क्विप् –> उपनिषद्

The Sanskrit root from Dhatupatha 1c - 854, 6c - 1427

षद्लृ विशरण–गति–अवसादनेषु has the three meanings,

namely विशरण = wither, गति = attain, अवसादनं = sit.

In the context of wisdom, we can say

- wither away one's stupidity
- attain liberation
- sit with a conviction

The upasarga उप stands for nearness, closeness.

The upasarga नि stands for delving into, intense.
The pratyaya क्विप् makes a noun, and while joining, it vanishes entirely.

Thus the word 'Upanishad' is formed, and it has the meaning of destroying one's ignorance and gaining freedom, when we sit devotedly at the feet of the Master.

Prayer

ॐ पूर्णमदः पूर्णमिदं पूर्णात् पूर्णमुदच्यते ।

पूर्णस्य पूर्णमादाय पूर्णमेवावशिष्यते ॥

ॐ शान्तिश् शान्तिश् शान्तिः ॥

This SHANTI MANTRA is an invocation that is recited before the Isha and other Upanishads of the Shukla Yajurveda.

From the infinity a fullness is born. That is again amply infinite. When this supreme contentment showers bliss, all who receive become filled with love, everyone's heart overflows. It never diminishes.

Peace in the Environs.
Peace in the Mind-Body-Being.
Peace in the Soul.

Isha Upanishad

ईशा वास्यमिदं सर्वं यत् किञ्च जगत्यां जगत् ।

तेन त्यक्तेन भुञ्जीथा मा गृधः कस्य स्विद् धनम् ॥ १

1. An all-powerful supreme divinity permeates and envelops this – creation - composed of the active and passive, matter and energy, living and non-living.

Realizing this sacred *separateness*, having unswerving faith in its indestructibility, live life to the full.

How may life be lived to the maximum potential? Simply by following the discipline of non-covetousness, or non-injury.

Look at the striking similarity of this verse from the 8th canto of Srimad Bhagavatam Mahapurana.

आत्मा वास्यमिदं विश्वं यत् किञ्चित् जगत्यां जगत् ।
तेन त्यक्तेन भुञ्जीथा मा गृधः कस्य स्विद् धनम् ॥ **8.1.10** ॥

कुर्वन् नेवेह कर्मांणि जिजीविषेच्छतं समाः ।
एवं त्वयि नान्यथेतोऽस्ति न कर्म लिप्यते नरे ॥ २

2. Life is meaningful and divine, be a karma yogi, do honest hard work.

Dream big giving full reign to your aspirations; plan to live many fruitful productive years.

Thus by not giving up, by participating fully and giving 100% efforts in day to day life, you shall be free of guilt, regret, fear or blame.

असुर्या नाम ते लोका अन्धेन तमसाऽऽवृताः ।
तांस्ते प्रेत्याभिगच्छन्ति ये के चात्महनो जनाः ॥ ३

3. Chaotic, cluttered, binding and frustrating becomes your world when you shun discipline.

When you live without a proper education, your intellect and senses get blinded by insanity.

Then you meander amongst barbaric brutes, inhuman and wasteful is your existence.

अनेजदेकं मनसो जवीयो नैनद्देवा आप्नुवन्पूर्वमर्षत् ।
तद्धावतोऽन्यानत्येति तिष्ठत्तस्मिन्नपो मातरिश्वा दधाति ॥ ४

4. Understand well the nature of the illuminating self within. The Self is Stillness Harmony personified. The Self thinks and acts quicker than the brain.

The Self though *actionless and unmoving* reaches everywhere, obtains everything.

The Self is pure consciousness, an unattached witness.

Like a mother it sustains and supports, like air it infuses life. It is due to its presence alone that all events happen and all beings work and play.

तदेजति तन्नैजति तद्दूरे तद्वन्तिके ।
तदन्तरस्य सर्वस्य तदु सर्वस्यास्य बाह्यतः ॥ ५

5. The Self glides, yet moves not.
The Self is afar, yet right close.

All is filled with the pure consciousness; all is enveloped by it fully.

This knowledge is the key. This oneness is to be realized. It is to be strongly ingrained in one's fiber; it should be at the back of one's mind when dealing with the wealthy or the poor, with the saint or the prejudiced, with humans or with four-legged, nay even with life or non-life.

यस्तु सर्वाणि भूतानि आत्मन्येवानुपश्यति ।
सर्वभूतेषु चात्मानं ततो न विजुगुप्सते ॥ ६

6. The Saint sees this Oneness. The Seer experiences this within. So does any who is devoted to his duty.

And what do you get out of this attitude?
Unbelievable clarity and focus and determination.

And how come?
Simple. Mind is without fear. There is no bitterness in the consciousness. There isn't any enmity. You are not draining your energies in trying to conceal anything. When you do not have an antagonist, your progress is turbo charged, brimming with successes.

यस्मिन् सर्वाणि भूतानि आत्मैवाभूद् विजानतः ।
तत्र को मोहः कः शोक एकत्वमनुपश्यतः ॥ ७

7. When people experience such a divinity in any form, it also brushes off on them.

Grace takes firm hold of the seeker, the aspirant becomes aware; his faculties, senses and intellect become soaked in the purity.

There is no infatuation then. There is no sorrow there. The oneness becomes firmly rooted, the heart has attained steadfastness.

स पर्यगाच्छुक्रम् अकायम् अव्रणम् अस्नाविरं शुद्धम् अपापविद्धम् ।
कविर् मनीषी परिभूः स्वयम्भूर् याथातथ्यतोऽर्थान् व्यदधाच्छाश्वतीभ्यः
समाभ्यः ॥ ८

8. Such a person established in the Self, in who trust and faith and contentment have matured, hear about him.

He shines and glows, his body encounters no opposition from man or nature, his mind is unbiased, no arrows or barbs get thrown at him. He radiates the truth and is above all blame.

The intelligent soul has nature and elements at his command or is in complete harmony with nature. He is whom the lord has chosen, on him grace has fallen.

He lives the Truth, he knows the Reality, he is the essence of creation. Open as space, people sense freedom in his presence. Untarnished by time his value system, his teachings span eons.

अन्धं तमः प्रविशन्ति येऽविद्याम् उपासते ।
ततो भूय इव ते तमो य उ विद्यायां रताः ॥ ९

9. Folk who disregard education, culture or norms of society are gripped by a great insecurity and live in utter depravation.

The intelligent who become perverted, who use their cleverness or skills to wreck destruction; their lot is even worse. Their soul knows no peace.

अन्यद् एवाहुर् विद्ययाऽन्यदाहुर् अविद्यया ।
इति शुश्रुम धीराणां ये नस्तद् विचचक्षिरे ॥ १०

10. Many and varied are the results gotten by those who practice discipline and do their duty sensibly.

Similarly, those who lead an undisciplined and wanton existence, their lives also teach us many things.

Sometimes the logic may neither be easily explainable nor be palatable; the overall results and effects of actions may not be seen in one lifetime.

Such is the wisdom heard from the mouths of the brave.

Who have elucidated and distilled the truth for our benefit. Who have lived patiently without jumping to conclusions. Who have always given a fair chance and the benefit of doubt to the opposition.

विद्याञ्चाविद्याञ्च यस्तद् वेदोभयं सह ।
अविद्यया मृत्युं तीर्त्वा विद्ययाऽमृतम् अश्नुते ॥ ११

11. Practice self-discipline and live responsibly. Learn from the mistakes of others and do not fall into the same ditch.

Both success and failure are great teachers, each failure is a stepping stone to success.

Overcome challenges by proper education and seeking good counsel.

Planning for the worst and investing in sound design helps in the long run and misery is prevented or overcome.

अन्धं तमः प्रविशन्ति येऽसम्भूतिम् उपासते ।
ततो भूय इव ते तमो य उ सम्भूत्यां रताः ॥ १२

12. Living a life of arrogance, divide-n-rule, polarization and extreme ambition is a blueprint for disaster.

On the other hand, just being goody goody, not applying commonsense; trying to run away from the world; having a one-track mind; thinking that one is very religious and being overtly righteous, doing spiritual acts merely as a ritual; any of this is a sure recipe for tarnishing the soul and becoming shrouded in foggy frustrations.

अन्यद् एवाहुः सम्भवाद् अन्यद् आहुर् असम्भवात् ।
इति शुश्रुम धीराणां ये नस्तद् विचचक्षिरे ॥ १३

13. Aiming for the highest is not the same as aiming for the pleasurable; this has been the constant refrain through the ages.

Determine with a sound conscience, whether petty comfort is your goal or whether it is some noble thought that is fraught with many challenges and demands sustained spirited effort.

Such a life of honour has been lived by the brave, such is the example set that has inspired millions over the globe.

सम्भूतिञ्च विनाशञ्च यस्तद् वेदोभयं सह ।
विनाशेन मृत्युं तीर्त्वा सम्भूत्याऽमृतम् अश्नुते ॥ १४

14. The brave is inspired by the great deeds, and he also acknowledges the frailties in the world. He takes both in his stride.

He makes it a point to learn from peoples and events, and lives with awareness without turning a blind eye or despising the wicked.

Thus is victory gained, thus is immortality achieved, thus does his life become a shining beacon for many.

हिरण्मयेन पात्रेण सत्यस्यापिहितं मुखम् ।
तत्त्वं पूषन्नपावृणु सत्यधर्माय दृष्टये ॥ १५

15. The Truth is covered by a golden veil. Plainness hides profound wisdom. Calm waters run deep. A saint cannot be known by his skin.

O Lord! Please part the flimsy covering from your face, so that I may behold your loveliness.

May I get the divine vision, see the path I should tread. Know when to act and when to let go.

पूषन्नेकर्षे यम सूर्य प्राजापत्य व्यूह रश्मीन् समूह तेजः । यत्ते रूपं कल्याणतमं तत्ते पश्यामि योऽसावसौ पुरुषः सोऽहम् अस्मि ॥ १६

16. O Bliss giver! O Solitude lover!
O Discipline enforcer! O Energizer of all! O Creator!
O multi-talented multi-skilled Brilliance!

Please allow me to approach, please reduce your glare. So that your beauty I may adore. So that your absolute goodness I may gain.

Grant that I may unite with thee, merge into thyself and become One.

May I express and live the Divinity. THAT I AM.

वायुर् अनिलम् अमृतम् अथेदं भस्मान्तं शरीरम् ।
ओ३म् क्रतो स्मर कृतं स्मर क्रतो स्मर कृतं स्मर ॥ १७

17. The gale is whipping me towards thee. My stains are wiped away, faults reduced to ashes.

Om! May i remember the noble deeds, may I not forget the sacred promises.

अग्ने नय सुपथा राये अस्मान् विश्वानि देव वयुनानि विद्वान् ।
युयोध्यस्मज् जुहुराणम् एनो भूयिष्ठां ते नमौक्तिं विधेम ॥ १८

18. O Benevolent Fire! May we digest and assimilate the wisdom, (just as thee cook our meals and give us our daily strength).

May we grow by performing meritorious deeds and enjoy the fruits of our toils.

O Knower of our weaknesses, show us how to overcome them; and Knower of our strengths, may we not get waylaid by them.

Our obeisance to thee again and again. Praises shower on thee, humility and gratefulness fill the heart.

(The same mantra is in Rig Veda 1.189.01)

॥ इति ईशोपनिषत् ॥ END.

Latin Transliteration Chart

International Alphabet of Sanskrit Transliteration (I.A.S.T.)

a	ā	i	ī	u	ū	ṛ	ṝ	ḷ	
अ	आ	इ	ई	उ	ऊ	ऋ	ॠ	ऌ	
						◌ृ	◌ॄ	◌ॢ	
e	ai	o	au	ṃ	m̐	ḥ	Ardha Visarga	oṃ	
ए	ऐ	ओ	औ	◌ं	◌ँ	◌ः	ᳲ	ॐ	
Consonants are shown with a vowel ‘a= अ’ for uttering									
ka	क	ca	च	ṭa	ट	ta	त	pa	प
kha	ख	cha	छ	ṭha	ठ	tha	थ	pha	फ
ga	ग	ja	ज	ḍa	ड	da	द	ba	ब
gha	घ	jha	झ	ḍha	ढ	dha	ध	bha	भ
ṅa	ङ	ña	ञ	ṇa	ण	na	न	ma	म
ya	ra	la	va		ḷa	‘			
य	र	ल	व		ळ	ऽ			
					Consonant only				
śa	ṣa	sa	ha		ka	क्अ = क			
श	ष	स	ह		k	क्			

Invocation at Outset

oṃ pūrṇamadaḥ pūrṇamidaṃ pūrṇātpūrṇamudacyate |
pūrṇasya pūrṇamādāya pūrṇamevāvaśiṣyate ||
oṃ śāntiś śāntiś śāntiḥ ||

Isha Upanishad Verses in Latin

īśā vāsyamidaṃ sarvaṃ yat kiñca jagatyāṃ jagat |
tena tyaktena bhuñjīthā mā gṛdhaḥ kasya svid dhanam ||1||

kurvan neveha karmāṇi jijīviṣecchataṃ samāḥ |
evaṃ tvayi nānyatheto'sti na karma lipyate nare ||2||

asuryā nāma te lokā andhena tamasā"vrtāḥ |
tāṃste pretyābhigacchanti ye ke cātmahano janāḥ ||3||

anejadekaṃ manaso javīyo nainad devā āpnuvan pūrvamarṣat |
tad dhāvato'nyānatyeti tiṣṭhat tasminnapo mātariśvā dadhāti ||4||

tadejati tannaijati tad dūre tad vantike |
tadantarasya sarvasya tadu sarvasyāsya bāhyataḥ ||5||

yastu sarvāṇi bhūtāni ātmanyevānupaśyati |
sarvabhūteṣu cātmānaṃ tato na vijugupsate ||6||

yasmin sarvāṇi bhūtāni ātmaivābhūd vijānataḥ |
tatra ko mohaḥ kaḥ śoka ekatvamanupaśyataḥ ||7||

sa paryagācchukram akāyam avraṇam asnāviraṃ śuddham apāpaviddham |

kavir manīṣī paribhūḥ svayambhūr yāthātathyato'rthān

vyadadhācchāśvatībhyaḥ samābhyaḥ ||8||

andhaṃ tamaḥ praviśanti ye'vidyām upāsate |

tato bhūya iva te tamo ya u vidyāyāṃ ratāḥ ||9||

anyad evāhur vidyayā'nyadāhur avidyayā |

iti śuśruma dhīrāṇāṃ ye nastad vicacakṣire ||10||

vidyāñcāvidyāñca yastadvedobhayaṃ saha |

avidyayā mṛtyuṃ tīrtvā vidyayā'mṛtam aśnute ||11||

andhaṃ tamaḥ praviśanti ye'sambhūtim upāsate |

tato bhūya iva te tamo ya u sambhūtyāṃ ratāḥ ||12||

anyad evāhuḥ sambhavād anyad āhur asambhavāt |

iti śuśruma dhīrāṇāṃ ye nastad vicacakṣire ||13||

sambhūtiñca vināśañca yastad vedobhayaṃ saha |

vināśena mṛtyuṃ tīrtvā sambhūtyā'mṛtam aśnute ||14||

hiraṇmayena pātreṇa satyasyāpihitaṃ mukham |

tattvaṃ pūṣannapāvṛṇu satyadharmāya dṛṣṭaye ||15||

pūṣannekarṣe yama sūrya prājāpatya vyūha raśmīn

samūha tejaḥ |

yatte rūpaṃ kalyāṇatamaṃ tatte paśyāmi yo'sāvasau puruṣaḥ so'ham asmi ||16||

vāyur anilam amṛtam athedaṃ bhasmāntaṃ śarīram |
oṃ3 krato smara kṛtaṃ smara krato smara kṛtaṃ smara ||17||

agne naya supathā rāye asmān viśvāni deva vayunāni vidvān |
yuyodhyasmajjuhurāṇameno bhūyiṣṭhāṃ te namauktiṃ vidhema ||18||

|| iti īśopaniṣat ||

Verses as Chanted with Svaras

Sanskrit pronunciation rules mainly change the **visarga** and **anusvara**. These changes are noted here so that the chanting tradition is kept alive and the beauty and depth can be felt when listening to the verses. **Vedic accents स्वराः** change the pitch. Anudata _ is low pitch or bass sound - (lower the neck slightly). Udata is normal pitch - (neck is normal). Svarita॑ is high pitch - (neck is raised a bit). Dirgha Svarita ᳚ is raising the pitch and lowering it.

Also the sandhis are maintained during chanting.
https://www.youtube.com/watch?v=nxVM_5eKK6w

ॐ पू॒र्णम॒दः पू॒र्णमि॒दं पू॒र्णात् पू॒र्णमु॒द॒च्यते ।
पू॒र्णस्य पू॒र्णमा॒दाय पू॒र्णमे॒वावशि॒ष्यते ॥ ॐ शा॒न्तिश् शा॒न्तिश् शा॒न्तिः ॥

ॐ ई॒शा वा॒स्यमि॒दꣳ सर्वं॒ यत् किञ्च॒ जग॑त्यां॒ जग॑त् ।
तेन॑ त्य॒क्तेन॑ भुञ्जीथा॒ मा गृ॑धः॒ कस्य॑ स्वि॒द् धनम् ॥ १

कुर्वन् ने॒वेह कर्मा᳚णि जिजीवि॒षेच्छ॒तꣳ समाः ।
ए॒वं त्वयि॒ नान्यथे॒तो᳚ऽस्ति॒ न कर्मं लिप्यते॒ नरे᳚ ॥ २

अ॒सु॒र्या॒ नाम॒ ते लो॒का अ॒न्धेन॒ तम॒साऽऽवृ॑ताः ।
ताꣳस्ते प्रेत्या॒भिग॑च्छन्ति॒ ये के चात्म॒हनो॒ जनाः ॥ ३

अनेजदेकं मनसो जवीयो नैनद् देवा आप्नुवन् पूर्वमर्षत् ।
तद् धावतोऽन्यानत्येति तिष्ठत् तस्मिन् नपो मातरिश्वा दधाति ॥ ४

तदेजति तन्नैजति तद् दूरे तद् वन्तिके ।
तदन्तरस्य सर्वस्य तदु सर्वस्यास्य बाह्यतः ॥ ५

यस्तु सर्वाणि भूतान्यात्मन्येवानुपश्यति ।
सर्वभूतेषु चात्मानं ततो न विजुगुप्सते ॥ ६

यस्मिन् सर्वाणि भूतान्यात्मैवाभूद् विजानतः ।
तत्र को मोहः कः शोक एकत्वमनुपश्यतः ॥ ७

स पर्यगाच्छुक्रमकायमव्रणमस्नाविरꣳ शुद्धमपापविद्धम् ।
कविर् मनीषी परिभूः स्वयम्भूर् याथातथ्यतोऽर्थान् व्यदधाच्छाश्वतीभ्यः
समाभ्यः ॥ ८

अन्धं तमः प्रविशन्ति येऽविद्यामुपासते ।
ततो भूय इव ते तमो य उ विद्यायाꣳ रताः ॥ ९

अन्यदेवाहुर्विद्ययाऽन्यदाहुरविद्यया ।
इति शुश्रुम धीराणां ये नस्तद् विचचक्षिरे ॥ १०

विद्याञ्चाविद्याञ्च यस्तद् वेदोभयꣳ सह ।
अविद्यया मृत्युं तीर्त्वा विद्ययाऽमृतमश्नुते ॥ ११

अन्धं तमः प्रविशन्ति येऽसम्भूतिमुपासते ।
ततो भूय इव ते तमो य उ सम्भूत्याꣳ रताः ॥ १२

अन्यदेवाहुः सम्भवादन्यदाहुरसम्भवात् ।
इति शुश्रुम धीराणां ये नस्तद् विचचक्षिरे ॥ १३

सम्भूतिञ्च विनाशञ्च यस्तद् वेदोभयꣳ सह ।
विनाशेन मृत्युं तीर्त्वा सम्भूत्याऽमृतमश्नुते ॥ १४

हिरण्मयेन पात्रेण सत्यस्यापिहितं मुखम् ।
तत्त्वं पूषन्नपावृणु सत्यधर्माय दृष्टये ॥ १५

पूषन्नेकर्षे यम सूर्य प्राजापत्य व्यूह रश्मीन् समूह तेजः ।
यत्ते रूपं कल्याणतमं तत्ते पश्यामि योऽसावसौ पुरुषः सोऽहमस्मि ॥
१६

वायुरनिलममृतमथेदं भस्मान्तꣳ शरीरम् ।
ओ३म् क्रतो स्मर कृतꣳ स्मर क्रतो स्मर कृतꣳ स्मर ॥ १७

अग्ने नय सुपथा राये अस्मान् विश्वानि देव वयुनानि विद्वान् ।
युयोध्यस्मज्जुहुराणमेनो भूयिष्ठां ते नम उक्तिं विधेम ॥ १८

ॐ पूर्णमदः पूर्णमिदं पूर्णात् पूर्णमुदच्यते ।
पूर्णस्य पूर्णमादाय पूर्णमेवावशिष्यते ॥ ॐ शान्तिश् शान्तिश् शान्तिः ॥

Sanskrit Grammar

Sandhis separated word by word पदच्छेद (प०) Sanskrit

Verses in prose order अन्वय (अ०), with विभक्ति Cases.

Abbreviations

Nouns

m masculine, **f** feminine, **n** neuter; **V** vocative
1/1 = vibhakti case from 1 to 7/number 1 to 3

Indeclinables (uninflected nouns or verbs) **0**

Verbs

iii/1 = person i to iii / number 1 to 3
PPP = Past Participle Passive
PPA = Past Participle Active, **PrPA** = Present

Shanti Mantra Invocation

प०) ॐ पूर्णम् अदः पूर्णम् इदम् पूर्णात् पूर्णम् उदच्यते ।

पूर्णस्य पूर्णम् आदाय पूर्णम् एव अवशिष्यते ॥

अ०) ॐ[0] अदः[n1/1] पूर्णम्[n1/1] इदम्[n1/1] पूर्णम्[n1/1] , पूर्णात्[n5/1]

पूर्णम्[n2/1] उदच्यते[लट्iii/1] । पूर्णस्य[n6/1] पूर्णम्[n2/1] आदाय[0]

पूर्णम्[n1/1] एव[0] अवशिष्यते[लट्iii/1] ॥

ॐ[0] शान्तिः[m1/1] शान्तिः[m1/1] शान्तिः[m1/1] ॥

Since Sanskrit is an inflectional language, the **spelling of the same word** changes as per context or usage. Hence words can be **placed anywhere** in a sentence, as in poetic use, without change in meaning. The matrix shows how.

Masculine stem, vowel अ ending			
(र्–आ–म्–अ) राम m Lord's name			
	singular 1	dual 2	plural 3
1 Doer	रामः 1/1	रामौ 1/2	रामाः 1/3
2 Object	रामम् 2/1	रामौ 2/2	रामान्
3 by	रामेण 3/1	रामाभ्याम्	रामैः 3/3
4 for	रामाय 4/1	रामाभ्याम्	रामेभ्यः
5 from	रामात् 5/1	रामाभ्याम्	रामेभ्यः
6 of	रामस्य 6/1	रामयोः	रामाणाम्
7 in	रामे 7/1	रामयोः	रामेषु 7/3
Vocative	हे राम	हे रामौ	हे रामाः

Masculine stem, consonant त् ending			
मरुत् m Wind, Breeze, Air			
	singular 1	dual 2	plural 3
1 Doer	मरुत् 1/1	मरुतौ 1/2	मरुतः 1/3
2 Object	मरुतम् 2/1	मरुतौ 2/2	मरुतः 2/3
3 by	मरुता 3/1	मरुद्भ्याम् 3/2	मरुद्भिः 3/3
4 for	मरुते 4/1	मरुद्भ्याम् 4/2	मरुद्भ्यः 4/3
5 from	मरुतः 5/1	मरुद्भ्याम् 5/2	मरुद्भ्यः 5/3
6 of	मरुतः 6/1	मरुतोः 6/2	मरुताम् 6/3
7 in	मरुति 7/1	मरुतोः 7/2	मरुत्सु 7/3
Vocative	हे मरुत् V/1	हे मरुतौ V/2	हे मरुतः V/3

1 प० ईशा वास्यम् इदं सर्वं यत् किं च जगत्यां जगत् ।

तेन त्यक्तेन भुञ्जीथाः मा गृधः कस्य स्वित् धनम् ॥ १

ईशा from Dhatupatha root - 1020 ईश ऐश्वर्ये

अ० जगत्यां [f7/1] यत् [m1/1] किं [n1/1] च [0] जगत् [n1/1] इदं [n1/1] सर्वं [n1/1] ईशा [m1/1] वास्यम् [n1/1] । तेन [n3/1] त्यक्तेन [n3/1] भुञ्जीथाः [वि०लि० ii/1] कस्य [n6/1] स्वित् [0] धनम् [n2/1] मा [0] गृधः [लुङ् ii/1] ॥ १

---

2 प० कुर्वन् एव इह कर्माणि जिजीविषेत् शतं समाः ।

एवं त्वयि न अन्यथा इतः अस्ति न कर्म लिप्यते नरे ॥ २

अ० इह [0] कर्माणि [n2/3] कुर्वन् [PPA] एव [0] शतं [n2/1] समाः [f2/3] जिजीविषेत् [सन्० iii/1] । एवं [0] त्वयि [mfn7/1] नरे [m7/1] इतः [0] न [0] अन्यथा [0] अस्ति [लट् iii/1] (येन [m3/1]) कर्म [n1/1] न [0] लिप्यते [लट् कर्म० iii/1] ॥ २

---

3 प० असुर्याः नाम ते लोकाः अन्धेन तमसा आवृताः ।

तान् ते प्रेत्य अभिगच्छन्ति ये के च आत्महनः जनाः ॥ ३

अ० असुर्याः [m1/3] लोकाः [m1/3] ते [m1/3] अन्धेन [m3/1] तमसा [m3/1] नाम [n2/1] आवृताः [PPP 1/3] । ये [m1/3] के [m1/3] च [0] आत्महनः [m1/3] जनाः [m1/3] ते [m1/3] प्रेत्य [ल्यप्] तान् [m2/3] अभिगच्छन्ति [लट् iii/3] ॥ ३

4 प० अनेजत् एकं मनसः जवीयः पूर्वम् अर्षत् एनत् देवाः न आप्नुवन्
। अन्यान् धावतः तिष्ठत् अत्येति तस्मिन् मातरिश्वा अपः दधाति ॥ ४

अ० एकम्[n1/1] अनेजत्[n1/1] मनसः[n6/1] जवीयः[n1/1] देवाः[m1/3] एनत्[n2/1] न[0] आप्नुवन्[लङ् iii/3] पूर्वम्[n1/1] अर्षत्[PrPA 1/1] । तत्[n1/1] तिष्ठत्[PrPA1/1] धावतः[PrPA1/3] अन्यान्[m2/3] अत्येति[लट् iii/1] तस्मिन्[n7/1] मातरिश्वा[m1/1] अपः[n2/1] दधाति[लट् iii/1] ॥ ४

---

5 प० तत् एजति तत् न एजति तत् दूरे तत् उ अन्तिके।
तत् अन्तः अस्य सर्वस्य तत् उ सर्वस्य अस्य बाह्यतः ॥ ५

अ० तत्[n1/1] एजति[लट् iii/1] तत्[n1/1] न[0] एजति[लट् iii/1] तत्[n1/1] दूरे[n7/1] तत्[n1/1] उ[0] अन्तिके[n7/1] । तत्[n1/1] सर्वस्य[n6/1] अस्य[n6/1] अन्तः[0] तत्[n1/1] उ[0] सर्वस्य[n1/1] अस्य[n6/1] बाह्यतः[0] ॥ ५

---

6 प० यः तु सर्वाणि भूतानि आत्मनि एव अनुपश्यति ।
सर्वभूतेषु च आत्मानं ततः न विजुगुप्सते ॥ ६

अ० यः[m1/1] तु[0] आत्मनि[m7/1] सर्वाणि[n2/3] तानि[n2/3] एव[0] अनुपश्यति[लट् iii/1] । सर्वभूतेषु[m7/3] च[0] आत्मानं[m2/1] ततः[m5/1] न[0] विजुगुप्सते[सन० iii/1] ॥ ६

7 प० यस्मिन् सर्वाणि भूतानि आत्मा एव अभूत् विजानतः ।
तत्र कः मोहः कः शोकः एकत्वम् अनुपश्यतः ॥ ७

अ० यस्मिन्[m7/1] विजानतः[m6/1] आत्मा[m1/1] एव[0] सर्वाणि[n2/3] भूतानि[n2/3] अभूत्[लुङ् iii/1] । तत्र[0] एकत्वम्[n2/1] अनुपश्यतः[m6/1] कः[m1/1] मोहः[m1/1] कः[m1/1] शोकः[m1/1] ॥ ७

---

8 प० सः पर्यगात् शुक्रम् अकायम् अव्रणम् अस्नाविरं शुद्धम्
अपापविद्धम् । कविः मनीषी परिभूः स्वयम्भूः याथातथ्यतः अर्थान्
व्यदधात् शाश्वतीभ्यः समाभ्यः ॥ ८

अ० सः[m1/1] शुक्रम्[m2/1] अकायम्[m2/1] अव्रणम्[m2/1] अस्नाविरं[m2/1] शुद्धम्[m2/1] अपापविद्धम्[m2/1] पर्यगात्[लुङ् iii/1] । कविः[m1/1] मनीषी[m1/1] परिभूः[m1/1] स्वयम्भूः[m1/1] शाश्वतीभ्यः[m5/3] समाभ्यः[m5/3] याथातथ्यतः[0] अर्थान्[m2/3] व्यदधात्[लुङ् iii/1] ॥ ८

---

9 प० अन्धं तमः प्रविशन्ति ये अविद्याम् उपासते ।

ततः भूयः इव ते तमः ये उ विद्यायां रताः ॥ ९

अ० ये[m1/3] अविद्याम्[f2/1] उपासते[लट् iii/3] अन्धं[n2/1] तमः[n2/1]
प्रविशन्ति[लट् iii/3] । ये[m1/3] उ[0] विद्यायां[f2/1] रताः[PPPm1/3]
ते[m1/3] ततः[0] भूयः[n1/1] इव[0] तमः[n2/1] ॥ ९

---

10 प० अन्यत् एव आहुः विद्यया अन्यत् आहुः अविद्यया ।

इति शुश्रुम धीराणां ये नः तत् विचचक्षिरे ॥ १०

अ० विद्यया[f3/1] अन्यत्[n1/1] एव[0] आहुः[iii/3] अविद्यया[f3/1]
अन्यत्[n1/1] आहुः[लट् iii/3] । इति[0] धीराणां[m6/3] शुश्रुम[लिट् i/3]
ये[m1/3] नः[mfn2/3] तत्[n2/1] विचचक्षिरे[लिट् iii/3] ॥ १०

---

11 प० विद्याम् च अविद्याम् च यः तत् वेद उभयं सह ।

अविद्यया मृत्युं तीर्त्वा विद्यया अमृतम् अश्नुते ॥ ११

अ० यः[m1/1] विद्याम्[f2/1] च[0] अविद्याम्[f2/1] च[0]
तत्[n2/1] उभयं[n2/1] सह[0] वेद[लट् iii/1] । अविद्यया[f3/1] मृत्युं[m2/1]
तीर्त्वा[त्वा 0] विद्यया[f3/1] अमृतम्[n2/1] अश्नुते[लट् iii/1] ॥ ११

---

12 प० अन्धं तमः प्रविशन्ति ये असम्भूतिम् उपासते ।

ततः भूयः इव ते तमः ये उ सम्भूत्यां रताः ॥ १२

अ० ये [m1/3] असम्भूतिम् [f2/1] उपासते [लट् iii/3] अन्धं [n2/1]
तमः [n2/1] प्रविशन्ति [लट् iii/3] । ये [m1/3] उ [0] सम्भूत्यां [f7/1]
रताः [PPPm1/3] ते [m1/3] ततः [0] भूयः [n1/1] इव [0] तमः [n1/1] ॥ १२

---

13 प० अन्यत् एव आहुः सम्भवात् अन्यत् आहुः असम्भवात् ।

इति शुश्रुम धीराणां ये नः तत् विचचक्षिरे ॥ १३

अ० सम्भवात् [m5/1] अन्यत् [n1/1] एव [0] आहुः [लट् iii/3]
असम्भवात् [m5/1] अन्यत् [n1/1] आहुः [लट् iii/3] । इति [0] धीराणां [m6/3]
शुश्रुम [लिट् i/3] ये [m1/3] नः [mfn2/3] तत् [n2/1] विचचक्षिरे [लिट् iii/3] ॥ १३

---

14 प० सम्भूतिम् च विनाशम् च यः तत् वेद उभयं सह ।

विनाशेन मृत्युं तीर्त्वा सम्भूत्या अमृतम् अश्नुते ॥ १४

अ० यः [m1/1] सम्भूतिम् [f2/1] च [0] विनाशम् [m2/1] च [0] तत् [n2/1]
उभयं [n2/1] सह [0] वेद [लट् iii/1] । विनाशेन [m3/1] मृत्युं [m2/1] तीर्त्वा
[त्वा 0] सम्भूत्या [f3/1] अमृतम् [n2/1] अश्नुते [लट् iii/1] ॥ १४

---

15 प० हिरण्मयेन पात्रेण सत्यस्य अपिहितं मुखम् ।

तत् त्वम् पूषन् अपावृणु सत्यधर्माय दृष्टये ॥ १५

अ० सत्यस्य [m6/1] मुखम् [n1/1] हिरण्मयेन [m3/1] पात्रेण [m3/1] अपिहितम् [PPPn1/1] । पूषन् [mV/1] सत्यधर्माय [m4/1] दृष्टये [mf4/1] त्वम् [mfn1/1] तत् [n2/1] अपावृणु [लोट् ii/1] ॥ १५

---

16 प० पूषन् एकर्षे यम सूर्य प्राजापत्य व्यूह रश्मीन् समूह तेजः ।
यत् ते रूपं कल्याणतमं तत् ते पश्यामि यः असौ असौ पुरुषः सः अहम् अस्मि ॥ १६

अ० पूषन् [mV/1] एकर्षे [mV/1] यम [mV/1] सूर्य [mV/1] प्राजापत्य [mV/1] रश्मीन् [m2/3] व्यूह [लोट् ii/1] , ते [mfn6/1] तेजः [n2/1] समूह [लोट् ii/1] , ते [mfn6/1] कल्याणतमं [n2/1] रूपं [n2/1] यत् [n2/1] तत् [n2/1] पश्यामि [लट् i/1] । यः [m1/1] असौ [m1/1] असौ [m1/1] पुरुषः [m1/1] सः [m1/1] अहम् [mfn1/1] अस्मि [लट् i/1] ॥ १६

---

17 प० वायुः अनिलम् अमृतम् अथ इदं भस्मान्तं शरीरम् ।

ॐ३ क्रतो स्मर कृतं स्मर क्रतो स्मर कृतं स्मर ॥ १७

अ० अथ [0] वायुः [m1/1] अमृतम् [m2/1] अनिलम् [m2/1] इदं [n2/1] शरीरम् [n2/1] भस्मान्तं [PPPn1/1] । ॐ३ क्रतो [mV/1] स्मर [लोट् ii/1] कृतं [PPPn1/1] स्मर [लोट् ii/1] क्रतो [mV/1] स्मर [लोट् ii/1] कृतं [PPPn1/1] स्मर [लोट् ii/1] ॥ १७

---

18 प० अग्ने नय सुपथा राये अस्मान् विश्वानि देव वयुनानि विद्वान् ।

युयोधि अस्मत् जुहुराणम् एनः भूयिष्ठां ते नम–उक्तिं विधेम ॥ १८

अ० अग्ने [mV/1] अस्मान् [mfn2/3] राये [m4/1] सुपथा [m3/1] नय [लोट् ii/1], देव [mV/1] विश्वानि [n2/3] वयुनानि [n2/3] विद्वान् [PrPAm1/1] । अस्मत् [m5/3] जुहुराणम् [m2/1] एनः [m2/3] युयोधि [लोट् ii/1] ते [m4/1] भूयिष्ठां [f2/1] नम उक्तिं [f2/1] विधेम [वि०लि० i/3] ॥ १८

॥ इति ईशोपनिषत् ॥

Moods and Tenses in Sanskrit

1	लट्	Present Tense
2	लुङ्	Aorist Past Tense,*before from now onwards*
3	लङ्	Imperfect Past Tense – *before from yesterday onwards*
4	लिट्	Perfect Past Tense – *distant unseen past*
5	लृट्	Simple Future Tense – *now onwards*
6	लुट्	Periphrastic Future Tense – *tomorrow onwards*
7	लृङ्	Conditional Mood - *if/then in past or future*
8	लोट्	Imperative Mood – *request*
9	विधि–लिङ्	Potential Mood – *order विधिलिङ्* (also known as Optative Mood)
10	आशीर्–लिङ्	Benedictive Mood – *blessing आशीर्लिङ्* (also used in the sense of a curse)

Verb inflections in Sanskrit – a sample chart

982 गमॢ गतौ – to go, in the sense of attainment			
Present Tense Active voice लट् कर्त्तरि			
Person/no	singular	dual	plural
Third	गच्छति iii/1	गच्छतः iii/2	गच्छन्ति iii/3
Second	गच्छसि ii/1	गच्छथः ii/2	गच्छथ ii/3
First	गच्छामि i/1	गच्छावः i/2	गच्छामः i/3

References

http://upanishads.org.in/upanishads/1

https://sanskritdocuments.org/doc_upanishhat/Ishaa_bhaashhya_Shankar.html?lang=sa

Stephanie Simoes, Brock University
http://www.academia.edu/17430464/Isha_Upanishad_Word-for-Word_Translation_with_Transliteration_and_Grammatical_Notes

https://www.swami-krishnananda.org/isavasya/isavasya_foreword.html

http://www.dvaita.org/sources/shruti/translation.html

Harikrishnadas Goyandka – ईशावास्योपनिषद् (अन्वय तथा सरल हिंदी–व्याख्यासहित) – 1st – 1954 – Gita Press, Gorakhpur

Ishwar Chandra – श्रीमद्वाजसनेयि–माध्यन्दिनशुक्ल यजुर्वेद संहिता – 1st – 2004 – Parimal Publications, Delhi

Swami Devrupananda - मन्त्रपुष्पम् – 4th – 2010 -Ramakrishna Math, Khar, Mumbai

KLV Sastry & Anantarama Sastri – Sabda Manjari – Reprint - 2013 – RS Vadhyar & Sons, Palghat

Sri Sri Ravi Shankar – Ishavasya Upanishad – 1st – 2016 – Sri Sri Publications Trust, Bengaluru

Epilogue

```
Eat and Sleep on time ummm sometimes.
Smile at the flowers,
Salute the Sun, gaze at the sunset...
```

सर्वे भवन्तु सुखिनः । सर्वे सन्तु निरामयाः ।

सर्वे भद्राणि पश्यन्तु । मा कश्चिद् दुःख भाग् भवेत् ॥

ॐ शान्तिः शान्तिः शान्तिः ॥

When faith has blossomed in life,
Every step is led by the Divine.

Sri Sri Ravi Shankar

Om Namah Shivaya

जय गुरुदेव

www.ingramcontent.com/pod-product-compliance
Lightning Source LLC
LaVergne TN
LVHW091546070526
838199LV00023B/552/J
* 9 7 8 9 3 9 2 2 0 1 9 7 4 *